Wundern ist gesund

AF236674

Wundern ist gesund

Philosophische Sprüche und Verse

Johann Convent

Herstellung und Verlag:
BoD-Books on Demand, Norderstedt
Autor: Johann Convent
ISBN: 978-3-7528-3042-2

Wir haben im Großen und Ganzen immer noch nicht verinnerlicht, dass es eine spielerische Lebensart gibt, als einander zu bekämpfen. Wir gehen alle über eine Erde, wir atmen alle eine Luft, und wenn uns die Geister der Vergangenheit nicht mehr erschrecken und die Zukunft uns nicht den Blick trübt, verspüren wir eine gesunde Anziehung zum Lebendigen, eine heilsame Verwandlung in den jetzigen Augenblick. Das wahre Leben schwingt auf der göttlichen Wellenlänge und ist so wundervoll, dass es unser Staunen verdient, denn die Natur spielt sich im Grunde sehr geheimnisvoll ab. Das Licht der Welt ist unantastbar, und in diesem Buch finden sich einige philosophische Anregungen, die elementare Aspekte der Existenz umkreisen.

Jeden Tag als eine neue Seite nehmen,
die sorgfältig gelesen werden muss,
und alle Einzelheiten genießen, das ist
das Beste für mich, glaube ich.

Vielleicht ist das überhaupt das
Wichtigste - dass die Welt für uns
immer voller Wunder ist.

Pearl S. Buck

Ich staune, also bin ich

Es wirkt ein ursprünglicher Zauber im
Wunder des Lebens, das jedem
neugeborenen Kind in die
Wiege gelegt wird.

Friedfertigkeit

Den Frieden auf Erden können wir nur
mehren, wenn wir den Unfrieden in
uns selbst mindern.

Dichter des Lebens

Schön ist es auf der Welt zu sein,
selbstlos erblicken wir ihr Licht,
die Sonne scheint ins Herz hinein,
das Leben ist doch ein Gedicht.

Horizonterweiterung

Wenn wir nicht an das denken,
was uns trennt, sondern das sehen,
was uns verbindet, ist unser
Zusammenleben einfacher.

All-Ein-Sein

Ein Fluss strömt friedlich bis ins Meer,
auf einer Erde, die so sehr,
ein Ganzes ist, und stets bereit,
für grenzenlose Menschlichkeit.

Nicht zu fassen

Seit Millionen von Jahren ist auf dem
Erdenrund eine Intelligenz am Werk,
die wirklich unbegreiflich ist.

Humanität

Je mehr Menschlichkeit,
desto besser.

Aufgeweckt

Ein aktives Leben bedeutet, nicht in
Gedanken versunken zu sein.

Musik ist in sich gut

Das Zwitschern der Singvögel ertönt
natürlich von innen, es ist eine
süße Melodie des Daseins.

Selbsterforschung

Der Weg zu uns selbst mag keine
Leichtigkeit sein, doch er führt
uns zur Leichtigkeit des Seins.

Schweigsamkeit

Unser Körper versteht keine laute
Sprache, er braucht Seelenruhe.

Einfach himmlisch

Wenn wir eine göttliche Hochzeit feiern
wollen, müssen wir uns von uns
selbst scheiden lassen.

Verrückt ins Jetzt

Eine gesunde Portion Verrücktheit ist die ideale Voraussetzung für das Glücklichsein.

Mehr Glück als Verstand

Mit Herz und Hirn, nicht umgekehrt,
ist Leben wirklich lebenswert.

Keine Angst vor Nichts

Die vollkommene Leere ist durchtränkt
mit der Energie des Universums.

Harmonie

Seelische Gesundheit gründet sich auf dem herzerwärmenden Gefühl, im Einklang mit der Natur zu leben.

Unzweifelhaft

Wir sind eine menschliche Familie, so
steht es im Stammbuch der Existenz.

Heute schon gelacht?

Die schönste Sprache formt nicht die
Zunge - sie kommt von Herzen.

Danke schön

Wo fang ich an, wo hör ich auf,
und wann begann mein Lebenslauf,
vor der Geburt, so scheint es mir,
liebe Mama, ich danke dir.

Tierisch gut

„Die stärkste Kraft des Lebens ist doch
die Liebe", sagte das Eichhörnchen,
und knabberte an einer Erdnuss.

Gesunde Belichtung

Die Laute, die sich aus der Stille bilden,
erzählen von der Heilkraft des Lichts,
das uns ein Leben lang begleitet.

Einheitsbewusstsein

Kein Mensch ist eine Insel, und wenn
wir den Sprung wagen in den Fluss des
Daseins, ist unsere Geburt vollendet.

Geglückte Erziehung

Von der Mutter bedingungslose Liebe,
vom Vater starkes Urvertrauen. Dieses
Erbe nahm das Kind dankend an.

Erfüllt mit Frieden

Das reine Herz ist besoffen
von Gott.

Alles im Blick

Der Weisheit letzter Schluss ist dort,
wo hell die goldne Sonne scheint,
wo uns verbindet die Natur,
wo uns das Hier und Jetzt vereint.

Dauerbrenner

Ohne Sonne wäre die Erde eiskalt, ohne sie gäbe es kein Leben, und wir können uns ihr sehr verbunden fühlen.

Federleicht

Sie sagten, Glückseligkeit sei
schwerelos. Dies bejahte
der frohe Philosoph.

Sei dir selbst ein Licht

„Wie kann ich ewiges Leben erlangen?",
fragte der spirituelle Schüler. „Lasse
dich selbst los und Sei!", gab ihm
der Meister zur Antwort.

Mutter Erde

Wir müssen nicht nach den Sternen
greifen, wir leben doch schon
alle auf einem Stern.

Selbsterkenntnis

Kein Geld der Welt hat ihn befreit,
von Seelenqual und Herzensleid,
es war der Reichtum, den er fand,
als er sich selbst hatte erkannt.

Tut gut

Es ist wunderschön, mit allen Sinnen
zu beten, in der göttlichen Stille zu
genesen, und einfach zu Sein.

Altlasten entsorgen

Eingeprägte Glaubenssätze halten sich hartnäckig, doch es macht Sinn, das Oberstübchen zu entrümpeln.

Erstaunlich

Poetenaugen blicken nie zurück,
sie betrachten vor sich die
wahre Farbenpracht.

Zärtliche Wärme

Unschuldig kommen wir zur Welt,
sind ganz auf Liebe eingestellt,
und wir bewahren dies Talent,
solang ein Licht im Herzen brennt.

Erleuchtung

Wenn wir die trübe Fensterscheibe der
Lebenslügen mit dem Stein der Weisen
einwerfen, kommt die geistige
Klarheit in Sicht.

Frohsinn

Nichts könnte erfreulicher sein als das Leben an sich, denn aus der guten Erde wächst das zauberhafte Blümchen Vergissdasleid.

Meditative Praxis

Oft erzählen Menschen von innerer Unruhe, und es soll drei gute Tipps zur Befriedung geben: meditieren, meditieren, meditieren.

Persönliche Reife

Das Leben ist paradox, es tut uns weh
zu unserem Wohl, denn jede seelische
Krise bietet die Chance, über uns
selbst hinauszuwachsen.

Ist doch klar

Der Kopf ist frei, das Herz ist rein,
so selig kann das Leben sein.

Spiel ohne Grenzen

Der natürliche Mensch lebt nicht in
einer begrenzten Umwelt, sondern
in einer grenzenlosen Mitwelt.

Empfehlung

Seien Sie heiterer als der Rückblick und
froher als die Vorfreude.

Herzensbildung

Das Leben hat uns aufgebaut,
es geht uns tief unter die Haut,
es ist nicht wirklich zu verstehn,
nur mit dem Herzen gut zu sehn.

Innerer Frieden

Stille ist heilsamer als wir denken, und
wenn wir Stille suchen, können wir sie
in unserer eigenen Mitte finden.

Poesie

Der jetzige Augenblick ist der Moment,
in dem die Liebe mit der Schönheit
verschmilzt.

Jungbrunnen

Die meditative Praxis erfrischt, wenn
wir etwas Ungesundes aus der
Seele atmen möchten.

Nachhilfe in Leben

Wenn wir lernen wollen zu lieben,
müssen wir alles verlernen, was
uns begrenzt.

In der Stille ruht die Kraft

Wahre Liebe atmet Schweigen,
denn Stille ist uns ja zu eigen,
die jede Sprache hörbar macht,
und starke Lebenskraft entfacht.

Loslassen

Leben passiert, es zeigt Wirkung,
und ist ein echter Glücksfall
in Gottes Hand.

Wagemutig

Die Freiheit ist das höchste Ziel,
sie kostet Mut, und zwar sehr viel,
denn dafür müssen wir sie sprengen,
die Fesseln, die den Geist beengen.

Inspiration

Reine Lebensfreude ist keine geistige
Anstrengung, sondern mentale
Stille, und jeder tiefe Atemzug
weist uns darauf hin.

Mysterium

Es existiert etwas Lebendiges, das bei
der Geburt nicht geboren wird und
beim Tod nicht stirbt: Das ewige
Geheimnis des Seins.

Mehr geht nicht

Möchte eintauchen,
ins Wesentliche,
wahre Liebe finden,
gelebte Weisheit erlangen,
jeden Moment genießen,
einfach nur Sein.

Unzertrennlich

Gesundheit und Frieden gehen Hand in
Hand durch den wunderschönen
Garten von Mutter Natur.

Wendepunkt

Geh ganz aus dir raus,
über den Kopf hinaus,
und komm wieder rein,
ins Herzilein.

Mikrokosmos

„Das Leben ist wundervoll", jubelte das
Molekül, und gab allen Atomen
einen dicken Kuss.

Gelebte Weisheit

Es gibt sie, die glücklichen Menschen,
der Alltag ihnen gut gefällt,
sie leben als Freunde der Weisheit,
in einer wundervollen Welt.

Vor-Ich-Zeit

Schon vor der Geburt machen wir im
Mutterleib eine liebevolle Erfahrung,
die sich Verbundenheit nennt.

Tag der offenen Tür

Die Tür des Geistes sollte nie
verschlossen und die Tür des
Herzens immer offen sein.

Der heilige Augenblick

Alles auf Erden ist geliehen,
mit Nichts werden wir weiterziehen,
und ohne Etwas macht sich breit,
was lebt jenseits der toten Zeit.

Was immer ist

Wir sollten nicht zum Haben streben,
sondern zum Sein und wirklich leben,
das Dasein in geheimer Pracht,
uns alle quicklebendig macht.

Kreative Schöpferkraft

Der intuitive Geist tanzt zwischen dem
menschlichen Genie und dem
göttlichen Wahnsinn.

Alle Achtung

Ein Mönch krabbelt auf allen vieren,
um ganz bewusst zu meditieren,
so kann es ihm niemals passieren,
Gottes Gewahrsein zu verlieren.

Lass die Sonne ins Herz

Es gibt keinen Mensch, der nichts
für sein Glück tun kann.

Alles in Butter

Die Kunst des Verzeihens ist ein
wesentlicher Faktor in der
Gleichung des Lebens.

Es kann nur Eine geben

Wir können aus sämtlichen religiösen
Zutaten eine Götterspeise machen,
die allen Menschen schmeckt.

Unbeschreiblich

Das Erlebnis der Wirklichkeit steht in keinem Buch, das wir in der Bibliothek des Wissens ausleihen können.

Weltfrieden

Den Mystiker entzückt der göttliche
Zauber, der über die Mauern des
Denkens hinweg ein friedliches
Dasein ermöglicht.

Herz ist Trumpf

Der humorvolle Joker im Spiel des Lebens ist das Herz As.

Gesichtsausdruck

Kommt das Lächeln zu kurz,
verlängert sich das Antlitz.

Zirkulation

Wenn wir nicht um tausend Ecken
denken, läuft das Leben rund.

Alles fließt . . .

Das ganze Leben ist im Fluss,
jeder Moment ein Hochgenuss,
so göttlich, lieblich, friedlich, rein,
so wundervoll kann Leben sein.

Die Leichtigkeit des Seins

Um das Leben leicht zu machen,
hilft ganz einfach schon das Lachen.

Um das Leben frisch zu halten,
sollten wir es froh gestalten.

Und die Menschen, die es lieben,
sind im Herzen jung geblieben.

Internationale Gemeinschaft

Wenn der frische Wind der Weisheit
um die Flagge der Menschheit weht,
dürfen wir uns Homo sapiens
sapiens nennen.

Einerlei

Sagt der Karl zum Heinz:
„Mir ist alles Eins."
Sagt der Heinz zum Karl:
„Ist mir ganz egal."

Taktvoll

Weshalb mag der Weise jedes Wetter?
Weil er nicht auf den bewertenden
Verstand hört, sondern auf sein Herz,
das im Takt des Lebens pulsiert.

Ein dreifach Hoch

Der höchste Gewinn ist
Erkenntnisgewinn

Die höchste Bildung ist
Herzensbildung

Das höchste Gefühl ist
Mitgefühl

Oh Gott, oh Gott

„Lass Gott bitte aus dem Spiel",
sagte der Atheist.

„Lass ihn lieber aus dem Krieg",
sagte der Pazifist.

Umkehr

Von der Irrlehre zur Humanität

Von der Kriegslist zum Frieden

Von der Habsucht zum Sein

Fürchtet euch nicht

„Was ist Liebe?" „Keine Furcht mehr zu haben", sagte der Weise. „Und wovor ängstigen wir uns?" „Bedingungslos zu lieben", sagte der Weise.

Arzneimittel

Die beste Medizin für
Menschlichkeit ist
Mitgefühl.

Einfach Spitze

Das Stichwort, das die Seifenblase
des Ego zum Platzen bringt,
lautet: Erlösung.

Gipfelerlebnis

Die spirituelle Reife des Menschen kann in einer ungeteilten Wahrnehmung der Wirklichkeit gipfeln, die sich jeden Moment erneuert.

Die Kunst des Liebens

Bedingungslos zu lieben ist,
weiß Gott die höchste Kunst,
der süße Duft der Herzlichkeit,
erteilt uns diese Gunst.

Reif für die Ewigkeit

Es ist wunderschön, im Fragezeichen
des wahren Lebens zu verweilen.

Faszination

Schön ist die Natur der Erde,
göttlich ist das Himmelszelt,
Blumen recken sich zur Sonne,
zauberhaft ist doch die Welt.

Freispruch

Immer, wenn ich morgens in den
Spiegel schaue, lächelt mich ein
selbstloser Mensch an.

Besinnung

Im Leben kommt es nicht darauf an,
dass es lustvoll oder leidvoll ist,
sondern dass es sinnvoll ist.

Lebendigkeit

Wir können das Wort „Gott" sagen
oder denken, doch solange wir
das Göttliche nicht empfinden,
bleibt es ein totes Wort.

Lebensmotto

Ein erfülltes Leben hat auch immer die Mitmenschen im Blick, die ebenso glücklich sein sollen.